www.ingramcontent.com/pod-product-compliance
Lightning Source LLC
LaVergne TN
LVHW010416070526
838199LV00064B/5322
9789358720143

ابن بطوطہ

کا سفرنامۂ ہندوستان

مصنف:

اقبال احمد

© Taemeer Publications

Ibn Batuta ka safarnama Hindustan *(Travelogue)*

by: Iqbal Ahmed

Edition: May '2023

Publisher & Printer:

Taemeer Publications, Hyderabad.

ISBN 978-93-5872-014-3

9 789358 720143

مصنف یاناشر کی پیشگی اجازت کے بغیر اس کتاب کا کوئی بھی حصہ کسی بھی شکل میں بشمول ویب سائٹ پر اَپ لوڈنگ کے لیے استعمال نہ کیا جائے۔ نیز اس کتاب پر کسی بھی قسم کے تنازع کو نمٹانے کا اختیار صرف حیدرآباد (تلنگانہ) کی عدلیہ کو ہو گا۔

© تعمیر پبلی کیشنز

کتاب	:	**ابن بطوطہ کا سفر نامۂ ہندوستان**
مصنف	:	**اقبال احمد**
صنف	:	سفر نامہ
ناشر	:	تعمیر پبلی کیشنز (حیدرآباد، انڈیا)
زیر اہتمام	:	تعمیر ویب ڈیولپمنٹ، حیدرآباد
سالِ اشاعت	:	۲۰۲۳ء
تعداد	:	(پرنٹ آن ڈیمانڈ)
طابع	:	تعمیر پبلی کیشنز، حیدرآباد -۲۴
صفحات	:	۴۴
سرورق ڈیزائن	:	تعمیر ویب ڈیزائن

فہرست

صفحہ	عنوان
6	ابنِ بطوطہ کا تعارف
9	ابنِ بطوطہ کے سفرنامے کی تاریخی اہمیت
10	محمد بن تغلق
11	نذر کا دستور
11	بادشاہ کا دربار
12	دہلی کا حال
14	بادشاہ کی علم پروری
15	دہلی شہر کا اجاڑنا
16	کوہ ہمالیہ پر چڑھائی
17	قحط
17	بادشاہ کے شکار کا طریقہ
19	شادی کی رسم
21	ستنی کی رسم
22	سویم کی رسم
23	عید کی نماز کا جلوس
23	پرویسیوں کی قدردانی

خلیفہ کی عزت	25
بادشاہ کی عادتیں اور خوبیاں	26
بادشاہ کی تواضع اور انصاف پسندی	27
انصاف کا دربار	27
خونریزی	28
شاہی دسترخوان	30
نماز کی تاکید	32
اسلامی قانون کی پابندی	32
آمدورفت	33
ڈاک کا انتظام	34
مخبری کا انتظام	35
ہندستان میں جوگیوں اور ڈائنوں کے اثرات	35
ابن بطوطہ پر بادشاہ کی ناراضگی	37
ملتان	38
اجودھن	39
دولت آباد	39
مالابار	41
کالی کٹ	43
پٹن	43

ابنِ بطوطہ کا تعارف

ابوعبداللہ محمد ابن بطوطہ افریقہ کے ایک شہر طنجہ کا رہنے والا تھا۔ ۱۳۰۴ء میں پیدا ہوا۔ اس نے ایشیا اور ہندستان کے اکثر مقامات کی سیاحت کی۔ سلطان محمد بن تغلق کی حکومت کا نواں سال شروع ہوا تھا کہ ستمبر ۱۳۳۳ء میں بکھر کے مقام پر دریائے سندھ کے مغربی ساحل پر ہندستان میں آیا۔ ابن بطوطہ نے اپنی بائیس سال کی عمر سے ہی سیاحت شروع کر دی تھی۔ ہندستان میں جب وہ آیا تو اس کی عمر ۲۹ برس کی تھی۔ ہندستان میں اس نے اپنا سفر سندھ سے شروع کیا اور شمالی ہندستان میں ابوہر۔ سرسہ۔ ہانسی اور مسعودپور ہوتا ہوا دہلی پہنچا۔ دہلی میں محمد بن تغلق نے اس کی بہت قدر کی اور شہر کا قاضی مقرر کر دیا۔ ابن بطوطہ نو سال تک دہلی میں رہا۔ اس کے علاوہ اس نے تلپت بیانہ، کول، قنوج، گوالیار۔ چندیری۔ اجین، دولت آباد۔ ساگر کھمبایت۔ مالابار۔ کالی کٹ اور بنگال کے علاقوں کو بھی گھوم پھر کر دیکھا اس نے ان تمام مقامات کے واقعات اپنے پاس یادداشت کی شکل

میں لکھ لئے تھے۔ ایک بار وہ جہاز میں دکنی ہندستان کی طرف سفر کر رہا تھا کہ بحری لٹیروں نے اس کا جہاز لوٹ لیا اور اس کا سارا اسباب لے گئے۔ اسی میں اس کے سفر کی یادداشتیں بھی تھیں، اس لئے اس نے اپنا سفرنامہ وطن واپس لوٹ کر ذہن کی مدد اور حافظے کی قوت سے لکھا ہے

ابن بطوطہ بڑا ہی حوصلہ مند ذہین اور تیز آدمی تھا وہ ہندستان میں نہ تو دولت حاصل کرنے کی غرض سے آیا تھا اور نہ ہی بادشاہ کی ملازمت کرنے آیا تھا۔ اس کا سب سے بڑا مقصد یہ تھا کہ دنیا کے اور خاص کر ہندستان کے حالات سے واقفیت حاصل کرے۔ اس غرض سے وہ یہاں عرصہ تک رہا اور ایک ایک شہر اور بستی بستی گھوما پھرا جنگلوں اور ویرانوں میں آوارہ گردی کی اور جو کچھ دیکھا اسے ذہن نشین کیا۔

ابن بطوطہ جہاں ایک بہت بڑا سیاح تھا اسی کے ساتھ وہ ایک بہت بڑا عالم فاضل آدمی تھا۔ وہ علم فقہ اور قانون میں بڑی مہارت رکھتا تھا۔ اتنی مہارت کہ محمد تغلق نے اسے قاضی القضا جیسے اونچے عہدے پر مقرر کیا۔ وہ کئی زبانیں جانتا تھا اور چونکہ عربی النسل سے تعلق تھا اس لئے اس کی بڑی عزت ہوتی تھی۔ وہ ایک ایسا طالب علم تھا جس میں سیاحت اور آوارہ گردی کے ذریعہ علم حاصل کرنے کی دھن ہو گئی تھی۔ چودھویں صدی عیسوی میں جبکہ سفر کرنا بہت دشوار تھا اس کے سر میں سفر کا سودا سوار ہوا۔ وہ طالب علموں کی طرح تلاش و جستجو کا عادی تھا اور ہر بات کی حقیقت اور اصلیت تک پہنچنے کی دھن لگی رہتی تھی۔

ابن بطوطہ کے سفرنامے کی تاریخی اہمیت

اپنے بارے میں صحیح بات جاننے کا سب سے اچھا طریقہ یہ ہے کہ ہم اپنے بارے میں دوسروں کی رائے معلوم کریں۔ خود فیصلہ کرنا مشکل ہوتا ہے۔ ہم اپنے کو یا تو اتنا کمتر پائیں گے کہ ہم کو صرف اپنی خرابیاں اور کمیاں ہی نظر آئینگی، اور یا پھر اس قدر اپنے مُنہ مُنہ میاں مٹھو بننے کی عادت ہوگی کہ تعریفوں اور خوبیوں کے پُل کے پُل باندھ دیں گے، اس لحاظ سے محمد بن تغلق کے حالات جاننے کے لئے ابن بطوطہ کا سفرنامہ ہمارے لئے بڑا ہی قیمتی سرمایہ ہے۔ وہ باہر کا رہنے والا تھا۔ محمد بن تغلق نے اپنے دربار میں اس کی بڑی قدر و منزلت کی اس کو ہزاروں اور لاکھوں روپے انعام واکرام کے ملے تو اسی کے ساتھ بادشاہ کا اس پر عتاب بھی نازل ہوا۔ اس نے بادشاہ کے دربار میں بیٹھ کر اس کے خوف سے متاثر ہو کر اپنا سفرنامہ نہیں لکھا۔ اس کے سفرنامے میں صرف بادشاہ اور اس کے محل اور دربار کی زندگی ہی نہیں ملتی بلکہ ملک کے دوسرے علاقوں اور ملک کی دوسری رسموں اور رہن سہن کے طریقوں پر روشنی پڑتی ہے فرشتہ ابوالفضل اور برنی کے یہاں محمد بن تغلق کے عہد کے واقعات کی ترتیب سن کے لحاظ سے غلط ہے اسی کے برعکس ابن بطوطہ نے اپنے سفرنامے میں واقعات کی تاریخ صحیح اور باترتیب دی ہے۔

ابن بطوطہ نے ہندستان میں اسلامی ملکوں کے علوم وفنون کو

رائج کیا۔ وہاں کے علماء کے خیالات یہاں کے بڑے بڑے عالموں تک پہنچائے اور پھر خود یہاں کے علوم سیکھے۔ ابن بطوطہ کا سفر نامہ ہمیں تحقیق، تلاش اور جستجو پر اکساتا ہے اور صرف کتاب پڑھ کر زندگی کے واقعات اور حالات جان لینے پر تسلی کا سامان نہیں دیتا۔

ابن بطوطہ کا سفر نامہ ہندوستان دراصل ابن بطوطہ کے اصلی سفر نامے کو بنیاد بنا کر لکھا گیا ہے، کوشش یہ کی گئی ہے کہ اس کے سفر نامے کی کوئی ضروری چیز رہنے نہ پائے۔ بعض جگہ سفر نامے کے حالات و واقعات مختصر کر کے اپنے لفظوں میں لکھے گئے ہیں۔ مگر زیادہ تر کوشش اسی بات کی گئی ہے کہ ابن بطوطہ کی زبانی ہی اس کے واقعات درج ہوں۔ ہاں! واقعات تفصیل کے ساتھ بیان کرنے کے بجائے انہیں مختصر طور پر لکھا گیا ہے۔

محمد بن تغلق

محمد بن تغلق کا اصلی نام جونا خاں تھا۔ بادشاہ ہونے کے بعد اس نے اپنا نام ابوالمجاہد محمد شاہ رکھا۔ ابن بطوطہ اپنے سفر نامے میں اس بادشاہ کے بارے میں چشم دید واقعات لکھتا ہے۔

"یہ بادشاہ خونریزی اور جا بے جا سخاوت میں مشہور ہے۔ کوئی دن خالی نہیں جاتا کہ کوئی فقیر امیر نہیں بن جاتا اور کوئی زندہ آدمی قتل نہیں کیا جاتا۔ اس کی شجاعت اور سخاوت اور خونریزی کی حکایت عوام الناس کی زبان زد ہیں۔ اس کے باوجود میں نے کوئی شخص اس سے

زیادہ متواضع اور منصف نہیں دیکھا۔ وہ شریعت کا پابند ہے اور نماز کی بڑی تاکید کرتا ہے، جو نماز نہیں پڑھتا ہے اس کو سزا دیتا ہے اور یہ ان بادشاہوں میں سے ہے جن کی نیک طبیعت اور پاک مزاجی حد سے زیادہ بڑھی ہوئی ہے"۔

ابن بطوطہ لکھتا ہے کہ "اس کے احوال بیان کرنے میں بعض ایسی باتیں بیان کروں گا جو عجائبات معلوم ہوتی ہیں۔ خدا اور اس کے رسول اور ملائکہ کو گواہ بناتا ہوں کہ جو کچھ میں بیان کروں گا وہ سب کا سب درست ہے"۔

نذر کا دستور

بادشاہ کے پاس جو شخص پہلی بار ملنے جاتا وہ اپنی حیثیت کے مطابق مختلف قسم کے ہدیئے، تحفے اور نذرانے لے کر جاتا۔ مثلاً مولوی ہوتا تو قرآن شریف یا کوئی اور کتاب، فقیر ہوتا تو مصلیٰ تسبیح یا مسواک، امیر ہوتا تو گھوڑے، اونٹ یا ہتھیار۔

بادشاہ کا دربار

بادشاہ کا دربار اکثر شام کے وقت ہوتا، بادشاہ کے بیٹھنے کی جگہ دوسرے عام لوگوں کی جگہ سے اونچی بنی ہوئی ہوتی اس جگہ پر چاندنی بچھی ہوئی ہوتی۔ بادشاہ کی کمر کے پیچھے ایک بڑا گاؤ تکیہ اور دائیں بائیں

اس سے ذرا چھوٹے چھوٹے ہلکے تکیے ہوتے۔ جب بادشاہ اپنی مخصوص جگہ پر بیٹھ جاتا تو حاجب اور نقیب بسم اللہ کہتے۔ بادشاہ کے پیچھے ایک آدمی مور چھل لئے ہلاتا رہتا۔ بادشاہ کے دائیں اور بائیں سُو سُو مسلح جوان ہوتے جو تلوار، ڈھال اور کمانوں سے لیس ہوتے تھے۔

محمد بن تغلق کے دربار میں پچاس ہاتھی اور ساٹھ گھوڑے بھی آدمیوں کے پیچھے دائیں بائیں آدھے آدھے اس طرح کھڑے رہتے ہیں کہ بادشاہ ان کو دیکھ سکے۔ جب کوئی ہندو بادشاہ کے پاس تعظیم کے لئے آتا ہے، تو بسم اللہ کی بجائے ھَدَاکَ اللہ (یعنی اللہ تجھے ہدایت دے) کہا جاتا۔

پردیسیوں سے بادشاہ بڑی آؤ بھگت سے ملتا اور ان سب سے حسب حیثیت ملتا، نیز ان کو انعام و اکرام دیتا۔

دہلی

اس تاریخی شہر کے بارے میں ابن بطوطہ لکھتا ہے، "یہ ایک عظیم الشان شہر ہے اور اس کی عمارت میں خوبصورتی اور مضبوطی دونوں پائی جاتی ہیں۔ اس کی فصیل ایسی مضبوط ہے کہ دنیا بھر میں اسکی نظیر نہیں اور مشرق میں کوئی شہر خواہ اسلامی ہو یا غیر اسلامی اس کی عظمت کا نہیں ہے۔ شہر بہت بڑا اور گنجان بسا ہوا ہے۔ اس وقت کی دہلی میں چار بڑے شہر شامل تھے، پہلی دہلی وہ تھی جو ہندوؤں کی آباد کی ہوئی تھی، دوسرا شہر سیری تھا۔ علاء الدین اور قطب الدین اسی شہر میں رہتے تھے۔ تیسرا شہر تغلق آباد تھا جسے غیاث الدین تغلق نے آباد کیا تھا۔ چوتھا شہر جہاں پناہ ہے جس میں محمد شاہ تغلق رہتا ہے۔ اس شہر کی

فصیل تمام دنیا میں بے نظیر ہے۔ اس کی چوڑائی گیارہ ہاتھ ہے اس میں کوٹھریاں اور مکانات بنے ہوئے ہیں۔ جن میں چوکیدار اور دروازوں کے محافظ رہتے ہیں۔ غلہ رکھنے کے لئے فصیل میں کھتیاں بھی بنی ہوئی ہیں۔ منجنیق اور لڑائی کا دوسرا سامان بھی ان ہی گوداموں میں بھرا جاتا ہے۔ یہ سب سامان ہر آفت سے محفوظ رہتا ہے۔

فصیل کے اوپر سوار اور پیدل سپاہی تمام شہر کے گرد گھوم سکتے ہیں۔ شہر کے اندر کی طرف گوداموں میں روشندان ہیں جن سے گوداموں اور کوٹھریوں میں روشنی پہنچتی ہے۔ فصیل کے نیچے کا حصہ پتھر کا بنا ہوا ہے اور اوپر کا حصہ پختہ اینٹوں کا۔ اس شہر کے اٹھائیس دروازے ہیں جن میں سے بداداں، مندوی، گل بجیب، کمال اور غزنی نام کے دروازے مشہور اور اہم ہیں۔

قبرستان خوبصورت ہیں اور ان میں گل شبو، رائے بیل اور گل نسرین کے چمن لگائے گئے ہیں۔"

شہر کے حوض

حوض شمسی | اہل شہر اس کا پانی پیتے ہیں۔ اس حوض میں بارش کا پانی جمع ہوتا ہے۔ یہ حوض تقریباً دو میل لمبا اور ایک میل چوڑا ہے۔ حوض کے بیچ میں منقش پتھروں کا گنبد بنا ہوا ہے۔ جب تالاب میں پانی بہت آتا ہے تو کشتیوں میں بیٹھ کر اس گنبد تک پہونچ سکتے ہیں۔

حوض خاص | یہ حوض حوضِ شمسی سے بھی بڑا ہے۔ اس کے کناروں پر تقریباً چالیس گنبد ہیں اور اس کے گرد اہلِ طرب (ناچنے والے) رہتے ہیں۔ اسی وجہ سے اسے "طرب آباد" کہتے ہیں۔

بادشاہ کی علم پروری

مختلف واقعات سے معلوم ہوتا ہے کہ محمد تغلق عالموں کی بڑی قدر کرتا تھا۔ اس کی یہ کوشش ہوتی تھی کہ ان کو طرح طرح کے انعامات دیکر آرام پہنچائے۔

"مثلاً عبدالعزیز فقیہ ان کی ملازمت میں تھے۔ ایک روز اتفاق سے انہوں نے حضرت عباسؓ اور ان کی اولاد کے فضائل میں کچھ حدیثیں بیان کیں اور بنی عباس رض کے کچھ خلفاء کا تذکرہ کیا، بادشاہ چونکہ بنی عباس سے محبت کرتا تھا اس نے وہ حدیثیں بہت پسند کیں بادشاہ نے سونے کی تھالی میں دو ہزار اشرفیاں دیں۔"

"اسی طرح شمس الدین ایک حکیم اور شاعر تھا۔ اس نے بادشاہ کی شان میں ایک قصیدہ پڑھا۔ اس قصیدے میں ستائیس شعر تھے بادشاہ نے اس کو ہر شعر کے بدلے ہزار دینار دیئے۔"

نیز ان باتوں کے علاوہ (سفر نامہ کے پڑھنے سے) بادشاہ کی علماء سے محبت اس بات کو بھی اچھی طرح واضح کرتی ہے کہ محمد بن تغلق بہت ہی پڑھا لکھا اور قابل آدمی تھا۔ کبھی وہ علماء سے بحث کرتا اور

قاضیوں سے جرح کرتا۔ فقیہوں سے استدلال کرتا اور ان سب کے چھکے چھڑا دیتا"

دہلی شہر کا اُجاڑنا

از ۱۳۲۲ء تا ۱۳۳۰ء

"محمد تغلق کو مؤرخ جہاں اس کی دوسری حرکتوں کی وجہ سے اسے برا بھلا کہتے ہیں ان میں سب سے زیادہ اسے اس بات پر ملامت کرتے ہیں کہ اس نے دہلی کے تمام باشندوں کو جلا وطن کر دیا۔"

ابن بطوطہ اس کی وجہ یہ لکھتا ہے کہ لوگ رقعہ لکھ کر اُن پر مُہر لگاتے تھے اور لفافے پر لکھتے تھے کہ بادشاہ کے سر کی قسم ہے کہ سوائے بادشاہ کے اور کوئی نہ کھولے۔ یہ رقعہ رات کو دیوان خانہ میں ڈال جایا کرتے تھے۔ جب بادشاہ ان کو کھولتا تھا تو ان میں بادشاہ کو گالیاں درج ہوتی تھیں۔ بادشاہ نے دہلی اجاڑنے کا ارادہ کیا اور دہلی والوں کے سارے مکانات خرید کر ان سب کو گھروں کی پوری پوری قیمت دیدی اور حکم دیا کہ سب لوگ دولت آباد چلے جائیں۔ لوگوں نے جانے سے انکار کیا تو بادشاہ نے منادی کرا دی کہ تین دن کے بعد شہر میں کوئی شخص نہ رہے۔ زیادہ تر لوگ گھر چھوڑ کر جبھی چل پڑے مگر بعض اپنے گھروں میں چھپ کر بیٹھ رہے۔ بادشاہ نے اپنے غلاموں کو حکم دیا کہ شہر میں جاکر دیکھو کوئی

شخص باقی تو نہیں رہا، انہوں نے ایک کوچہ میں دو آدمی پائے ان میں سے ایک اندھا اور دوسرا لولا تھا۔ وہ دونوں بادشاہ کے سامنے لائے گئے۔ بادشاہ نے لولے کو منجنیق سے اڑا دیا اور اندھے کے بارے میں حکم دیا کہ اس کو دہلی سے دولت آباد تک جو چالیس دن کا راستہ ہے گھسیٹ کر لیجائیں۔ بادشاہ کے حکم کے مطابق اندھے کے ساتھ یہی برتاؤ کیا گیا اور دولت آباد تک اس کی صرف ایک ٹانگ پہونچ سکی۔ جب لوگوں نے یہ حال دیکھا تو کل آدمی اپنا اپنا اسباب اور مال چھوڑ کر شہر سے نکل گئے۔

کوہ ہمالیہ پر چڑھائی

یہاں کا راجہ بڑے راجاؤں میں شمار ہوتا تھا۔ بادشاہ نے ملک نکبہ کو ایک لاکھ سوار اور پیادے دیکر اس پہاڑ میں لڑائی کیلئے بھیجا۔ اس نے شہر "جدیہ" پر جو پہاڑ کے نیچے واقع تھا قبضہ کرلیا اور ملک کو جلا کر برباد کر دیا اور بہت سے ہندوؤں کو گرفتار کرلیا۔ ہندو ملک نکبہ سے خوف کھا کر پہاڑ کے اوپر چڑھ گئے۔ پہاڑ کے اوپر شہر ورنگل پر بھی قبضہ کرلیا۔ برسات کے موسم میں لشکر کے اندر بیماری پھیل گئی اور لشکر والے بیماری کی وجہ سے کمزور ہو گئے۔ گھوڑے مر گئے اور کمانیں نمی کی وجہ سے نکمی ہو گئیں۔ برسات کے موسم میں ملک نکبہ بادشاہ سے اجازت لے کر پہاڑ کے نیچے رہنے کے لئے آ رہا تھا کہ ہندو

غاروں اور تنگ جگہوں پر گھات میں بیٹھ گئے اور بڑے بڑے درخت کاٹ کر پہاڑ کے اوپر سے نیچے کی طرف لڑھکا دیتے تھے۔ جو شخص ان درختوں کی جھپیٹ میں آتا تھا سیدھا گہرے گڑھوں میں چلا جاتا تھا، اس طرح بہت سے آدمی مر گئے اور بہت سے ان لوگوں نے قید کر لئے اور سارا مال و متاع لٹ گیا۔ اس مہم سے صرف تین آدمی بچ کر آسکے۔

قحط کا زمانہ

ہندستان میں سخت قحط پڑا اور گرانی بہت بڑھ گئی اور غلہ ملنا ناممکن ہوگیا۔ ایک دفعہ ابن بطوطہ وزیر سے ملنے جارہا تھا کہ تین عورتیں ایک مرے ہوئے گھوڑے کی کھال کاٹ کاٹ کر کھا رہی تھیں، یہ گھوڑا مہینوں کا مرا ہوا تھا اور لوگ چمڑے کو پکا کر بازار میں بیچتے تھے۔ بادشاہ نے اسی زمانے میں دہلی کے رہنے والوں کو چھ مہینے کے گذارنے کے لئے غلہ تقسیم کروا دیا تھا۔

بادشاہ کے شکار کا طریقہ

بادشاہ ایک بار شکار کیلئے گئے تو اس وقت ساتھ میں ابن بطوطہ بھی تھا۔ وہ شکار کا حال یوں لکھتا ہے:۔

"میں نے سفر کے لئے تمام ضروری سامان خرید لیا تھا۔ ساتھ میں ایک ڈیرہ اور سائبان لے لیا۔ شاہی ڈیرہ سرخ رنگ کا ہوتا ہے اور

باقی امیروں کا سفید، کیوانیوں کو نوکر رکھ لیا جاتا ہے۔ اسی کے ساتھ وہ شخص بھی جو جانوروں کے لئے گھاس لاتے ہیں نوکر رکھے جاتے ہیں۔ باورچی خانے کے برتن اٹھانے کیلئے کہار بھی نوکر رکھے جاتے ہیں۔ ڈولہ اٹھانے والے خیمہ لگانے اور انہیں سجاتے ہیں انہیں سے اونٹوں پر اسباب لدوایا جاتا ہے۔ اور دوادوری بھی نوکر رکھے جاتے ہیں یہ لوگ آگے آگے دوڑتے ہیں اور رات کو مشعل لیکر چلتے ہیں۔ میں نے بھی یہ تمام لوگ یومیہ اُجرت پر اپنے ساتھ لئے اور بڑے ٹھاٹھ کے ساتھ چلا.... بادشاہ کی سواری کا ہاتھی آگیا تو سیڑھی لگائی گئی بادشاہ اس پر سوار ہوئے اور چھتر لگایا گیا۔

دستور یہ ہے کہ جب بادشاہ سوار ہوتے ہیں تو ہر ایک امیر اپنی اپنی فوج، علم۔ نفیری اور سرنا (ان سب چیزوں کو سرابت کہتے ہیں) لے کر سوار ہو جاتے ہیں۔ بادشاہ کے آگے فقط پردہ دار یعنی حاجب اور اہل طرب یعنی طوائف اور طبلچی گلے میں طبلے لٹکائے ہوئے اور سرنا بجانے والے ہوتے ہیں اور دائیں طرف پندرہ آدمی ہوتے ہیں اور بائیں طرف بھی اتنے ہی آدمی ہوتے ہیں۔ اس جماعت میں وزیر اور بڑے بڑے امیر اور بعض پردیسی شرفا شامل ہوتے ہیں۔ میں بھی (ابن بطوطہ) دائیں طرف تھا۔ بادشاہ کے سامنے پیدل اور راہبر ہوتے ہیں۔ اس کے پیچھے شاہی غلام اور خادم ہوتے ہیں۔ سب سے آخر میں عوام ہوتے ہیں، کسی کو خبر نہیں ہوتی کہ قیام کس جگہ ہوگا۔ جب کوئی جگہ نہر کے کنارے یا درختوں کے جھنڈ میں بادشاہ کو

اچھی معلوم ہوتی ہے تو حکم ہوتا ہے کہ اس جگہ اتر جاؤ۔ جب تک بادشاہ کا ڈیرا نہ لگ جائے کوئی شخص ڈیرہ نہیں لگا سکتا۔ پھر ناظر آتے ہیں ہر ایک شخص کو اس کی جگہ بتاتے ہیں اور بیچ میں شاہی ڈیرہ لگتا ہے۔ بکری کا گوشت اور موٹی موٹی مرغیاں اور شکار وغیرہ پہلے ہی آگے آگے روانہ کر دیا جاتا ہے۔ امیروں کے لڑکے فوراً حاضر ہوتے ہیں ہر ایک کے ہاتھ میں سیخ ہوتی ہے، اور وہ آگ روشن کرتے اور گوشت کو بھوتے ہیں۔ ایک چھوٹا سا ڈیرہ لگایا جاتا ہے۔ اس کے باہر بادشاہ مع خاص خاص امیروں کے بیٹھ جاتا ہے، دستر خوان آتا ہے اور بادشاہ جسکو چاہتا ہے اپنے ساتھ کھانے کیلئے بلا لیتا ہے"۔

شادی کی رسم

امیر سیف الدین عرب کے ملک سے آیا تھا۔ بادشاہ عربی ممالک کے لوگوں کی بڑی عزت کرتا تھا اور انھیں طرح طرح اور انواع و اقسام کے تحفے تحائف دیتا۔ آخر میں اپنی بہن فیروزہ اخوند سے اس کی شادی بھی کر دی۔ ابن بطوطہ خود امیر سیف الدین کی طرف سے شامل تھا، وہ اس شادی کا حال یوں بیان کرتا ہے:"باورچی، نانبائی، حلوائی، سقے اور تنبولی حاضر ہو گئے۔ جانور اور پرندے ذبح کیے گئے اور پندرہ دن تک سب لوگوں کو کھانا کھلایا گیا، اور بڑے بڑے امرا اور پردیسی دونوں وقت کھانے میں شامل ہوتے تھے۔ امیر سیف الدین اس ملک میں اکیلا تھا اس لئے اس کے پاس بادشاہ کے محل سے بیگمیں آئیں انہوں نے ہر طرح سے مکان سجا کر آراستہ کیا ان عورتوں میں سے کوئی اسکی فرضی ماں بنگئی کوئی چچی، کوئی پھوپھی اور کوئی خالہ

تاکہ اس کو یہ احساس نہ ہونے پائے کہ وہ پردیس میں ہے اور اس کا تمام خاندان یہاں موجود ہے۔ اس کے ہاتھ پاؤں میں مہندی لگائی گئی۔ شادی کی رسم کا تذکرہ کرتے ہوئے لکھتا ہے کہ " اس ملک میں یہ دستور ہے کہ جس مکان سے دولھا دولہن کو اپنے گھر لاتا ہے تو اس کے مکان کے دروازے پر دولہن کی جماعت کھڑی ہو جاتی ہے، اور جب دولھا کی جماعت آجاتی ہے تو ان کو داخل ہونے سے روکتے ہیں۔ اگر وہ غالب ہو جاتے ہیں تو چلے جاتے ہیں، اور اگر مغلوب ہو جاتے ہیں تو ان کو ہزاروں روپئے انعام دینے پڑتے ہیں..... پھر امیر سیف الدین اپنے ساتھیوں اور غلاموں کو ساتھ لے کر گھوڑے پر سوار ہوا۔ ان میں سے ہر ایک کے پاس چھڑی تھی پھر ایک چیز (سہرا) جو تاج سے ملتی جلتی تھی اور جنبیلی نسرین اور رائے بیل کے پھولوں کی بنی ہوئی تھی اور جس کی جھالر منہ اور سینہ پر لٹکتی تھی لائے اور امیر کو کہا کہ اس کو سر پر رکھو۔ امیر چونکہ صحرائی تھا اس لئے اسنے انکار کیا۔ میں نے کہا کہ میرا کہنا مان، اور اس کو قسم دلائی تو اس نے سر پر رکھ لیا۔ پھر پوری جماعت حرم کے دروازہ پر پہنچی تو وہاں دولہن کی جماعت کھڑی تھی۔ امیر نے اپنے ساتھیوں کے ساتھ ان پر عربی حملہ کیا اور پچھاڑ پچھاڑ کر سب کو پیچھے ہٹا دیا، بادشاہ کو خبر ہوئی تو بہت خوش ہوا۔ اور صحن میں داخل ہوا تو وہاں ایک منبر پر جو دیبا سے منڈھا ہوا تھا اور اس پر جواہرات جڑے ہوئے تھے دولہن کو لا کر بٹھا دیا تھا۔ اور گانے والی عورتیں بیٹھی ہوئی تھیں۔ امیر سیف الدین کو دیکھ کر سب کھڑی

ہوگئیں۔ پھر دلہن نے اپنے ہاتھ سے امیر کو پان دیا۔ اور پھر امیر دلہن سے ایک سیڑھی نیچے بیٹھ گیا۔ اور اس کے ساتھیوں پر درہم و دینار نچھاور کیے گئے۔ عورتیں تکبیر بھی کہتی جاتی تھیں اور گاتی بھی جاتی تھیں باہر نوبت اور نقارے بج رہے تھے۔ پھر امیر کھڑا ہوا اور اپنی دلہن کا ہاتھ پکڑ کر منبر سے نیچے اترا، اور وہ اس کے پیچھے پیچھے ہو لی۔ امیر تو گھوڑے پر سوار ہو گیا اور دلہن ڈولے پر بیٹھ گئی اور ان دونوں پر درہم و دینار نچھاور کیے گئے۔ ڈولے کو غلاموں نے اپنے کندھے پر اٹھایا اور بیگمیں گھوڑوں پر سوار ہوئیں اور باقی عورتیں پیدل تھیں وہ ان کے آگے آگے جاتی تھیں۔ جب کسی امیر کے گھر کے سامنے سے سواری گذرتی تھی تو وہ باہر نکل کر درہم اور دینار نچھاور کرتے تھے۔"

ستی کی رسم

ابن بطوطہ لکھتا ہے:۔

"ایک ہندو مر گیا تھا اور اس کے جلانے کے واسطے چھلا وا تیار کیا گیا ہے اور اس کی بیوی بھی ساتھ جلے گی۔ جب وہ دونوں جل چکے تو ہمارے ہمراہی واپس آئے کہتے تھے کہ عورت مُردہ کے ساتھ چمٹ کر جل گئی، ایک بار میں نے اور دیکھا کہ ایک ہندو عورت بناؤ سنگار کیے ہوئے گھوڑے پر سوار جاتی تھی اور ہندو مسلمان اس کے پیچھے

پیچھے تھے آگے نوبت بجتی جاتی تھی اور برہمن جوان کے بزرگ ہوتے ہیں ساتھ ساتھ تھے چونکہ بادشاہ کا علاقہ تھا اس لیے بادشاہ کی اجازت کے بغیر وہ نہیں جلا سکتے تھے۔ بادشاہ نے اجازت دیدی اس کے بعد جلایا.... ستی ہونا ہندوؤں میں واجب نہیں ہے، لیکن جو بیوہ اپنے پتی کے ساتھ جل جاتی ہے تو اس کا خاندان عزت والا گنا جاتا ہے اور وہ خود وفادار سمجھی جاتی ہے اور جو بیوہ ستی نہیں ہوتی اس کو موٹے کپڑے پہننے پڑتے ہیں اور زندگی میں طرح طرح کی رسوائی اٹھانی پڑتی ہے۔ اور انہیں وفادار بھی نہیں سمجھا جاتا، لیکن اسی کے ساتھ ساتھ کسی کو ستی ہونے پر مجبور نہیں کیا جاتا۔"

سوئم کی رسم

ابن بطوطہ کو ہندستان میں آئے ابھی ڈیڑھ مہینہ ہی گذرا تھا کہ اس کی ایک لڑکی جو ابھی پورے ایک سال کی بھی نہ ہوئی تھی اس کا انتقال ہو گیا۔ اس کے دفن کرنے کے تیسرے دن یہ رسم ہوئی۔

" اس ملک میں یہ دستور ہے کہ تیسرے دن صبح ہی صبح مردے کی قبر پر جاتے ہیں اور قبر کے چاروں طرف ریشمی کپڑے اور گدیلے بچھائے جاتے ہیں اور قبر پر پھول رکھتے ہیں یہ پھول ہر موسم میں مل جاتے ہیں۔ مثلاً چمپہ۔ گل یاسمن، گل شبو (زرد رنگ کا پھول) اور رائے بیل (سفید رنگ کا پھول)، اور چنبیلی، نارنجی اور نیبو کی ٹہنیاں

بھی پھلوں کے ساتھ قبر پر رکھتے ہیں۔ اور اگر اس میں پھل نہ ہوں تو دھلگے کی مدد سے ان میں میوؤں کے دانے لگا دیتے ہیں اور اپنے اپنے قرآن شریف لاکر پڑھتے ہیں۔ جب قرآن شریف ختم کر لیتے ہیں تو لوگوں کو گلاب پلایا جاتا ہے اور ان پر گلاب چھڑکا جاتا ہے اور پان بھی دئے جاتے ہیں اس کے بعد لوگ چلے جاتے ہیں۔"

عید کی نماز کا جلوس

عید کے دن خطیب ہاتھی پر سوار ہوتا ہے۔ ہاتھی کی پیٹھ پر تخت سے ملتی جلتی چیز کسی جاتی تھی اور اس کے چاروں کونوں پر چار جھنڈے گاڑے جاتے تھے خطیب کے کپڑے کالے رنگ کے ہوتے تھے اور مؤذن ہاتھیوں پر سوار خطیب کے آگے آگے تکبیر پڑھتے جاتے تھے۔ شہر کے مولوی اور قاضی بھی سوار ہوکر چلتے اور ہر شخص اپنے ذمہ کا صدقہ تقسیم کرتا ہوا چلتا۔ عید گاہ کے اوپر دھوپ کی گرمی سے بچنے کیلئے کپڑے کا سائبان تنا جاتا، اور پھر فرش بھی آراستہ کیا جاتا اور جب نماز پڑھنے والوں کی بڑی تعداد جمع ہو جاتی تو خطیب نماز پڑھا کر خطبہ پڑھاتا۔ اور پھر سب لوگ منتشر ہو جاتے۔ اس روز بادشاہ کے محل میں بڑے شاندار پیمانے پر امیروں اور پردیسیوں کی دعوت ہوتی۔

پردیسیوں کی قدردانی

چونکہ ابنِ بطوطہ خود پردیسی تھا اس لئے اس کی زبانی سنیئے کہ محمد بن تغلق

بادشاہ ہند پردیسیوں کی کتنی قدر دانی کرتا تھا" جب کوئی مسافر شہر ملتان پہنچتا ہے (سندھ کا دارالخلافہ) تو اس کو وہاں ٹھہرنا پڑتا ہے اور جب تک بادشاہ کی طرف سے روانگی کی اجازت نہ آ جائے اور اس کی آؤ بھگت کا انتظام نہ ہو جائے ..... ہر مسافر کی آؤ بھگت اس کے ساز و سامان اور اس کے اٹھنے۔ بیٹھنے کے طرز کے مطابق ہوتی ہے کیونکہ اس سے پہلے اس کے خاندان اور مرتبے کے بارے میں کوئی معلومات نہیں ہوتی۔ بادشاہ ہند محمد شاہ تغلق پردیسیوں کی بڑی عزت اور محبت کرتا ہے اور ان کو بڑے بڑے عہدے دیتا ہے۔ اس کے بڑے بڑے خواص حاجب وزیر، اور قاضی اور داماد، دوسرے ملکوں کے رہنے والے تھے۔ اس کا حکم ہے کہ پردیسیوں کو ہمیشہ "عزیز" کے نام سے پکارا کریں۔ چنانچہ باہر کے لوگ غریب کے بجائے سب عزیز کہلاتے ہیں۔ جو شخص بادشاہ کی خدمت میں سلام کرنے حاضر ہوتا ہے اور اس کی خدمت میں تحفے پیش کرتا ہے اور چونکہ سب کو معلوم ہے کہ بادشاہ ان تحفوں کے مقابلہ میں دوگنا، اور تین گنا انعام دیتا ہے اس لئے سندھ کے بعض سوداگروں کا یہ پیشہ ہے کہ وہ ایسے لوگوں کو ہزاروں دینار قرض دیدیتے ہیں اور اس کے لئے تحفے تیار کروا دیتے ہیں اور خادموں اور گھوڑوں اور سواری کا انتظام کر دیتے ہیں اور نوکروں کی طرح اس کے سامنے کھڑے رہتے ہیں۔ جب وہ شخص بادشاہ کے سلام سے واپس لوٹتا ہے اور اس کو انعام ملتا ہے تو وہ ان کا تمام قرضہ ادا کر دیتا ہے۔ اس طرح یہ سوداگر بہت زیادہ نفع حاصل کرتے ہیں۔

میں بھی جب سندھ میں پہنچا تو میں نے بھی یہی طریقہ اختیار کیا۔ اور سوداگروں سے گھوڑے اور اونٹ اور غلام خریدے اور عراق کے ایک سوداگر سے جس کا نام محمد دوری تھا۔ اور بغداد کے قریب کا رہنے والا تھا، میں نے غزنی شہر میں تیس گھوڑے اور ایک اونٹ جس پر پھول لدے ہوئے تھے خریدے کیونکہ ایسی ہی چیزیں بادشاہ کو نذر میں دی جاتی ہیں جب یہ سوداگر خراسان سے واپس آیا تو اس نے مجھ سے اپنا قرضہ مانگا، اور بہت فائدہ اٹھایا اور میری ہی وجہ سے بہت بڑا تاجر بن گیا۔ یہ شخص دوبارہ مجھے حلب کے شہر میں بھی کئی برس کے بعد ملا۔ حالانکہ وہاں کے کافروں نے میرے کپڑے تک چھین لئے تھے لیکن اس نے میرے ساتھ کوئی سلوک نہیں کیا۔"

خلیفہ کی عزت

ابن بطوطہ کے سفر نامے سے معلوم ہوتا ہے کہ محمد بن تغلق خلیفۂ وقت کی بڑی عزت کرتا تھا۔ اس کی وجہ یہ تھی کہ اس نے مذہبی اعتقاد کی بنیاد پر مصر کے خلیفہ ابو العباس کے پاس تحفے بھیجکر درخواست کی تھی کہ اس کو ہندستان اور سندھ کے ملک پر حکومت کرنے کی اجازت دیدی جائے خلیفہ ابو العباس نے ایک اجازت نامہ شیخ رکن الدین کے ہاتھ روانہ کیا جب شیخ رکن الدین دار الخلافہ میں پہنچے تو بادشاہ نے بڑی دھوم دھام اور شان و شکوہ سے رکن الدین کا استقبال کیا۔ جب وہ ان کے پاس آتے

تو وہ ان کے ادب کیلئے کھڑا ہو جاتا۔ اس کو محمد بن تغلق نے اتنا انعام واکرام دیا کہ اس کی کوئی حد و انتہا ہی نہیں یہاں تک کہ میخیں بھی سونے کی تھیں اور بادشاہ کا حکم تھا کہ جب تم جہاز سے اتر کر خشکی پر چلنا شروع کرو تو اپنے گھوڑے کے نعل سونے کے لگوا لینا!؛

بادشاہ کی عادتیں اور خوبیاں

ابنِ بطوطہ لکھتا ہے" یہ بادشاہ خونریزی اور جا بے جا سخاوت میں مشہور ہے۔ کوئی دن خالی نہیں جاتا کہ کوئی فقیر امیر نہیں بن جاتا اور کوئی زندہ آدمی قتل نہیں کیا جاتا۔ اس کی سخاوت اور شجاعت ، سختی اور خونریزی کی کہانیاں عام لوگوں کی زبان پر چڑھی ہوئی ہیں اس کے باوجود میں نے کوئی شخص اس سے زیادہ خاطر تواضع اور انصاف کرنے والا نہیں دیکھا۔ اسلامی قانون کا پابند ہے اور نماز کیلئے بڑی تاکید کرتا ہے۔ جو نہیں پڑھتا ہے اس کو سزا دیتا ہے اور ان بادشاہوں میں سے ہے جن کی نیک مزاجی اور طبیعت کی پاکی حد سے زیادہ بڑھی ہوئی ہے اس کے حالات بیان کرنے میں بعض ایسی باتیں بیان کروں گا جو عجیب و غریب معلوم ہوں گی۔ لیکن میں خدا اور اس کے رسول اور فرشتوں کو گواہ بناتا ہوں کہ میں جو کچھ اس کی یقین میں نہ آنے والی عادتیں، سخاوتیں اور مہربانیاں بیان کروں گا وہ سب بالکل درست ہیں۔ یہ بھی واضح رہے کہ میں نے جو کچھ لکھا ہے وہ یا تو میں نے خود دیکھا ہے یا مجھے اس کے

صحیح ہونے میں قطعی یقین ہے۔"

بادشاہ کی تواضع اور انصاف پسندی

"ایک ہندو امیر نے بادشاہ پر دعویٰ کیا کہ بادشاہ نے اس کے بھائی کو بلا وجہ مار ڈالا۔ بادشاہ بغیر کسی ہتھیار کے پیدل قاضی کے محکمے میں گیا۔ اور وہاں جاکر سلام اور تعظیم کی۔ قاضی کو پہلے حکم دیدیا تھا کہ جب میں آؤں تو نہ قاضی تعظیم کے لئے کھڑا ہو اور نہ ہی کوئی حرکت کرے بادشاہ قاضی کے محکمے میں گیا اور وہاں جاکر قاضی کے سامنے کھڑا ہوگیا: قاضی نے حکم دیا کہ بادشاہ مدعی کو راضی کرلے ورنہ قصاص کا حکم ہوگا۔ بادشاہ نے اس کو راضی کرلیا۔" ابن بطوطہ ایک واقعہ یوں بیان کرتا ہے

" ایک دفعہ ایک امیر کے لڑکے نے اس پر دعویٰ کیا کہ بادشاہ نے بغیر کسی وجہ کے اس کو مارا ہے۔ قاضی نے حکم دیا کہ یا تو لڑکے کو راضی کرو ورنہ قصاص دو۔ میں نے دیکھا کہ اس نے دربار میں آکر لڑکے کو بلایا اور اُس کو چھڑی دے کر کہا کہ اپنا بدلہ لے لے اور اس کو اپنے سر کی قسم دلائی کہ جب میں نے تجھ کو مارا ہی تو تو بھی مار۔ لڑکے نے ہاتھ میں چھڑی لے کر اکیس چھڑیاں بادشاہ کے لگائیں، یہاں تک کہ ایک بار اس کے سر کی پگڑی بھی گر پڑی۔"

انصاف کا دربار

بادشاہ کی انصاف پسندی صرف یہیں تک محدود نہ تھی بلکہ ۷۴۱ھ ہجری میں بادشاہ نے حکم دیا

کہ سوائے زکوٰۃ اور عشر کے اور سب محصول اور ٹیکس معاف کر دئے جائیں بادشاہ خود ہفتے میں دوبار سوموار اور جمعرات کے دن انصاف کرنے کی غرض سے دیوان خانے کے سامنے ایک میدان میں بیٹھتا تھا اور سب کو عام اجازت تھی کہ جو شکایت کرنا چاہے کرے۔ چار دروازے اور چار امیر اس غرض سے بٹھائے تھے کہ وہ لوگوں کی شکایتیں لکھیں۔ کوئی امیر اگر فریادی کی شکایت نہ لکھتا تو بادشاہ تک وہ فریادی پہونچ سکتا تھا اور اسے اپنی بات آزادی سے کہہ سکتا تھا۔ اور بادشاہ امیروں کو فریادی کی شکایت درج نہ کرنے پر ڈانٹتا ڈپٹتا تھا۔ ان سب شکایتوں پر بادشاہ عشار کی نماز کے بعد غور کرتا اور ان کو دُور کرنے کی کوشش کرتا۔

خونریزی

ابن بطوطہ لکھتا ہے "یہاں تک بادشاہ کی تواضع اور انصاف نرم دلی اور سخاوت کی عادتیں بیان کیں، لیکن اس کے ساتھ خونریزی میں بھی وہ بہت بڑھا چڑھا تھا۔ ایسا کبھی شاذ و نادر ہوتا تھا کہ اس کے دروازے پر کوئی شخص قتل نہ کیا جاتا ہو اور اکثر لاشیں دروازے پر پڑی رہتی تھیں، ایک روز کا ذکر ہے کہ میں محل میں جا رہا تھا۔ میرا گھوڑا کچھ سفید چیز دیکھ کر چمکا، میں نے پوچھا یہ کیا ہے؟ میرے ساتھی نے کہا یہ ایک آدمی کا سینہ ہے جس کے تین ٹکڑے کئے گئے ہیں۔ یہ بادشاہ چھوٹے بڑے جرم پر برابر سزا دیتا تھا، نہ اہلِ علم کا لحاظ کرتا تھا اور نہ

شریفوں کا اور نہ نیک لوگوں کا۔ دیوان خانے میں ہر روز سینکڑوں آدمی حاضر کیے جاتے تھے، بعض قتل کیے جاتے تھے اور بعض کو عذاب دیا جاتا تھا۔ اور بعض کو مار پیٹ کی جاتی تھی۔ اور اس کا دستور تھا کہ جمعہ کے سوا ہر روز تمام قیدیوں کو دیوان خانے میں بلاتا تھا جمعہ کے روز وہ بال بنوا کر آتا اور آرام کرتا تھا۔"

"ایک بار اس نے اپنے بھائی مسعود خاں پر بغاوت کرنے کا الزام لگایا جب اس سے پوچھا گیا تو خوف کی وجہ سے اس نے اقرار کر لیا کیونکہ اسے معلوم تھا کہ ایسے جرموں میں انکار کرنے والوں کو طرح طرح کا عذاب دیا جاتا ہے اور ان سب کے مقابلے میں ایک بار مرنا آسان ہے۔ بادشاہ نے حکم دیا کہ بازار کے چوک میں لے جا کر اس کی گردن اڑا دو۔ چنانچہ قتل ہونے کے تین دن بعد تک اس کی لاش وہیں پڑی رہی۔"

شیخ شہاب الدین خراسان کے بڑے بزرگوں اور فاضلوں میں سے تھے چودہ چودہ دن تک روزہ رکھتے تھے۔ سلطان قطب الدین اور سلطان تغلق ان کی زیارت کو جاتے تھے اور ان سے دعائیں مانگنے کی درخواست کرتے تھے۔ ان کے ساتھ سلطان محمد شاہ نے بہت بُرا سلوک کیا۔ ان کی داڑھی کے بال نچوائے اور ابن بطوطہ کے بیان کے مطابق انہیں گوبر پلوایا اور یہاں تک کہ جان مروا ڈالی۔

اسی طرح فقیہ عفیف الدین کاشانی اور سندھی مولویوں

شیخ ہود، تاج العارفین شیخ حیدری کے قتل کرا دینے کے لیے واقعات ہیں کہ ان کو سُن کر رونگٹے کھڑے ہو جاتے ہیں۔ ایک بار سفر میں دہلی کے خطیب الخطبار کو حکم دیا کہ وہ جواہرات کے خزانے کی نگرانی کریں۔ اتفاق سے ایک رات چور آئے اور اس خزانے کا کچھ حصہ چُرا کر لے گئے۔ بادشاہ نے اسی بات پر حکم دیا کہ خطیب کو پیٹا جائے، چنانچہ وہ پٹتے پٹتے مر گیا۔

شاہی دسترخوان

بادشاہ کے محل میں دو طرح کا کھانا ہوتا تھا۔ ایک خاص۔ دوسرا عام خاص وہ تھا جس میں بادشاہ خود کھاتے تھے اور اس میں خاص خاص امیر اور بادشاہ کا چچا زاد بھائی ہوتا تھا اس کے علاوہ امیر مجلس یا پردیسیوں میں سے کوئی شخص جس پر بادشاہ کو خاص مہربانی کرنا چاہتا شریک کرتا تھا۔ عام کھانا شاہی باورچی خانے سے جلوس کی شکل میں لایا جاتا اس موقع پر حاضرین کی تعداد محدود نہ تھی۔ دسترخوان کے بیچ میں قاضی، خطیب، فقیہ، سیّد اور بڑے بڑے بزرگ بیٹھتے تھے ان کے بعد بادشاہ کے رشتہ دار اور بڑے امیر ترتیب وار بیٹھتے تھے ہر ایک کی جگہ مقرر ہوتی تھی اور کسی قسم کی بے ترتیبی نہ ہونے پاتی تھی ایک بار ابن بطوطہ شاہی دسترخوان پر موجود تھا، وہ اس طرح اس کا حال بیان کرتا ہے: "پہلے روٹیاں لاتے ہیں جو نہایت پتلی چپاتیاں

ہوتی ہیں اور بکری کو بھون لیتے ہیں اس کے چار یا چھ ٹکڑے کر کے ایک ایک آدمی کے سامنے رکھے جاتے ہیں، پھر گھی سے تلی ہوئی روٹیاں لاتے تھے اور اس کے درمیان میں حلوا، صابونیہ بھرا ہوا ہوتا ہے اور ہر ایک ٹکیہ کے اوپر ایک میٹھی روٹی رکھتے تھے جسکو خستی کہتے ہیں۔ یہ آٹے، شکر اور گھی سے بنائی جاتی ہے۔ پھر چینی کی پلیٹوں میں گوشت لاتے ہیں جسے گھی، پیاز اور ادرک ڈال کر بناتے ہیں، پھر سموسے لاتے ہیں اس میں قیمہ کیا ہوا گوشت اور بادام جائفل، پستہ، پیاز اور گرم مصالحہ کو ڈال کر روٹیوں میں لپیٹ دیتے ہیں اور پھر گھی میں تل لیتے ہیں۔ ہر ایک کے سامنے پانچ یا چھ سموسے رکھتے ہیں اس کے بعد گھی میں پکے ہوئے چاول لاتے ہیں اور اس کے اوپر مرغ ہوتا ہے پھر یقیمات القاضی لاتے ہیں اسکو ہاشمی بھی کہتے ہیں پھر قاہریہ لاتے ہیں کھانا شروع ہونے سے پہلے حاجب دسترخوان پر کھڑا ہو جاتا ہے اور وہ سب حاضرین مل کر بادشاہ کی تعظیم کرتے ہیں۔ کھانا شروع کرنے سے پہلے چاندی اور سونے اور کانچ کی پیالیوں میں مصری اور گلاب کا شربت پیتے ہیں۔ شربت پی لینے کے بعد جب حاجب بسم اللہ کہتا ہے اس وقت سب لوگ کھانا شروع کر دیتے ہیں۔ ہر شخص کے سامنے ہر قسم کے کھانے اور ایک ایک پلیٹ موجود رہتی ہے اور الگ اپنی اپنی پلیٹ میں کھانا کھایا جاتا تھا۔"

نماز کی تاکید

ابنِ بطوطہ لکھتا ہے "یہ بادشاہ نماز کے معاملے میں بہت تاکید کرتا تھا۔ اور اس کا حکم تھا کہ جو شخص جماعت کے ساتھ نماز نہ پڑھے اس کو سزا دی جائے۔ ایک روز نو آدمی اس نے اس بات پر قتل کر ڈالے ..... اس کام پر بہت سے آدمی مقرر کیے تھے کہ جو شخص جماعت کے وقت بازار میں مل جائے اس کو پکڑ لاؤ۔ یہاں تک کہ سائیس بھی جو دیوان خانے کے دروازے پر گھوڑے لئے رہتے تھے ان کو بھی پکڑنا شروع کر دیا۔ حکم تھا کہ ہر شخص نماز کے فرائض اور اسلام کے شرائط سیکھے۔ لوگوں سے سوال کئے جاتے تھے، اور اگر کوئی اچھی طرح سے جواب نہیں دے سکتا تھا تو اس کو سزا ملتی تھی۔ تمام لوگ بازاروں میں نماز کے مسائل یاد کرتے پھرتے تھے۔ اور کاغذوں پر لکھواتے تھے۔"

اسلامی قانون کی پابندی

محمد تغلق اسلامی قانون کی پابندی پر بھی بہت سختی سے تاکید کرتا تھا۔ اپنے بھائی مبارک خاں کو حکم دیدیا تھا کہ وہ دیوان خانے میں قاضی کے ساتھ بیٹھ کر انصاف کرائے۔ اسے حکم دیا تھا کہ ایک اونچی برج میں بیٹھے اور بادشاہ کی مسند کی طرح قاضی کیلئے ایک

مسند لگائی جائے۔ مبارک خاں قاضی کے دائیں ہاتھ پر بیٹھتا تھا۔ اگر کوئی شخص کسی بڑے امیر پر دعویٰ کرتا تو مبارک خاں کے سپاہی اس امیر کو بلا کر قاضی کے سامنے پیش کرتے اور وہ قاضی سے اس کا انصاف دلاتا تھا۔

آمد و رفت

اس وقت عام طور سے عورتیں ڈولیوں میں آتی جاتی تھیں اور بعض وقت مرد بھی اس میں بیٹھتے تھے جو آج کل کی پالکی کی طرح ہوتی تھی۔ اس کو آٹھ آدمی باری باری سے اٹھاتے تھے۔ ایک وقت میں چار آدمی اٹھاتے اور چار آرام کرتے تھے۔ ابنِ بطوطہ لکھتا ہے :-

" یہ ڈولیاں ہندستان میں وہی کام کرتی ہیں جو مصر میں گدھے۔ اکثر لوگوں کی روزی اسی پر منحصر ہے۔ جس کے پاس غلام ہوتے ہیں وہ ڈولی اٹھاتے ہیں۔ اگر غلام نہ ہوں تو کرایہ کے آدمی لے لیتا ہے جو شہر میں بہت ہیں۔ اور بازاروں میں بادشاہ کے محل کے پاس، یا لوگوں کے دروازوں کے پاس اسی کام کے لئے کھڑے رہتے ہیں۔ عورتوں کی ڈولیوں پر ریشم کے پردے پڑے ہوتے ہیں۔

ڈاک کا انتظام

اس وقت ہندستان میں ڈاک بھیجنے کے دو طریقے تھے ایک تو گھوڑوں کے ذریعے اور دوسرے پیادوں کی مدد سے۔ گھوڑے کی ڈاک کو "اولاق" کہتے تھے۔ یہ گھوڑے بادشاہ کی طرف سے ہوتے تھے اور ہر چار کوس کے بعد بدل جاتے تھے۔ پیدل ڈاک کا یہ انتظام تھا کہ ایک میل پر جس کو "کروہ" کہتے تھے۔ ہرکاروں کے لئے تین چوکیاں بنی ہوتی تھیں جس کو "داوہ" کہتے تھے۔ ہر تہائی میل پر ایک گاؤں آباد تھا۔ گاؤں سے باہر ہرکاروں کے لئے بُرجیاں بنی ہوتی تھیں۔ ہر بُرجی میں ہرکارے کمر کسے بیٹھے رہتے۔ ہرکارے کے پاس دو گز لمبی ایک چھڑی ہوتی، چھڑی کے سر پر تانبے کے گھنگھرو بندھے ہوتے۔ شہر سے جب ڈاک چلتی تو ہرکارہ اپنے ایک ہاتھ میں لفافہ رکھ لیتا اور دوسرے ہاتھ میں چھڑی اور پوری طاقت کے ساتھ دوڑتا۔ دوسری چوکی کا ہرکارہ گھنگھروں کی آواز سُنکر تیار ہوجاتا اور لفافہ لے کر فوراً ہی دوڑنا شروع کر دیتا اور اس طرح مقررہ جگہ تک خطوط پہنچ جاتے۔ ابن بطوطہ لکھتا ہے۔ یہ ڈاک گھوڑوں کی ڈاک سے بھی جلد جاتی ہے، اور کبھی کبھی اس ڈاک کے ذریعے خراسان کے تازہ میوے بھی بادشاہ کے لئے تھالیوں میں پہنچائے

جاتے ہیں۔ اور کبھی کبھی کسی سنگین مجرم کو بھی چار پائی پر اٹھا کر اسی طرح چوکی بہ چوکی ہرکارے پہنچا دیتے ہیں۔ جب میں دولت آباد میں تھا تو بادشاہ کے لئے دریائے گنگا کا پانی جو ہندوؤں کی یاترا کی جگہ ہے ڈاک کے ذریعے بھیجا جاتا تھا۔ دولت آباد دریائے گنگا سے چالیس دن کے فاصلے پر ہے۔

مُخبری کا انتظام

ابنِ بطوطہ کے سفر نامے کی روشنی میں محمد بن تغلق کی طرف سے ہر ایک چھوٹے بڑے امیر کے پاس بادشاہ کا ایک غلام رہتا تھا، جو بادشاہ کو اس امیر کی تمام باتوں کی خبر دیا کرتا، اور اسی طرح ہر گھر میں لونڈیاں ہوا کرتی تھیں۔ اس امیر کے گھر میں جو کچھ ہوتا، لونڈیاں اس کی اطلاع بھنگنوں کو دیدیتیں اور یہ بھنگنیں پوری خبریں مخبروں کے افسر کو پہنچا دیتیں اور وہ بادشاہ کو ان تمام باتوں کی اطلاع کر دیتا۔

ہندستان میں جوگیوں اور ڈائنوں کے کرتب

اس زمانے میں ہندستان میں جوگیوں کا بڑا اثر تھا یہانتک کہ بادشاہ بھی ان کی تعظیم کرتا تھا اور ان کو اپنی صحبت میں رکھتا۔ یہ جوگی عجیب و غریب کام کرتے تھے۔ بعض تو مہینوں تک کچھ بھی نہ

کھاتے پیتے تھے۔ بعض زمین میں ایک غار کھود کر عمارت بنا لیتے
اور صرف ہوا کے لئے ایک سوراخ رکھتے اور اس میں مہینوں تک
رہتے، ابن بطوطہ لکھتا ہے" منگلور کے شہروں میں میں نے ایک
مسلمان کو دیکھا جو جوگیوں کی شاگردی کرتا تھا اور ایک اونچی جگہ
ڈھول میں بیٹھا تھا۔ اور وہاں بغیر کھائے پئے رہتا تھا۔ پچیس دن
تو اسے ہو چکے تھے۔ پھر میں چلا آیا۔ معلوم نہیں وہ کتنے دن اس طرح
رہا۔"

بعض ایسے بھی تھے کہ اگر کسی کی طرف نظر بھر کے دیکھ لیتے تو وہ
فوراً مر جاتا۔ تمام لوگوں کا خیال تھا کہ جب کوئی آدمی نظر سے مرجائے
اور اس کا سینہ چیرا جائے تو اس میں دل نہیں ہوتا۔ نظر والا آدمی اس کا
دل کھا لیتا ہے۔ یہ کام اکثر عورتیں کرتی تھیں۔ اور ایسی عورتوں کو
کفتار کہا جاتا تھا۔

"ایک واقعہ خود ابن بطوطہ کے ساتھ اس طرح پیش آیا "ایک
روز بادشاہ نے مجھے بلوایا۔ میں ان دنوں دارالخلافے میں تھا۔ میں
حاضر ہوا۔ بادشاہ اس وقت خلوت میں تھے اور خاص خاص امیر
موجود تھے۔ ان میں دو جوگی بھی موجود تھے۔ یہ جوگی رضائی اوڑھے
رہتے ہیں اور سر کو بھی ڈھکا رکھتے ہیں کیونکہ وہ راکھ سے سر کے
بالوں کو نوچ لیتے ہیں ..... بادشاہ نے فرمایا کہ یہ شخص بڑے دور
دراز کے ملک سے آیا ہے اس کو کوئی ایسی چیز دکھاؤ جو اس نے پہلے

نہ دیکھی ہو۔ انہوں نے کہا بہت اچھا۔ ان میں سے ایک جوگی آسن مارکر چوکڑی بیٹھ گیا۔ زمین سے اوپر اٹھا اور اسی طرح ہمارے اوپر ہوا میں بیٹھا رہا، مجھے بہت تعجب ہوا، اور وہم غالب ہوگیا، یہاں تک کہ میں زمین پر گر پڑا۔ بادشاہ نے مجھے دوا پلائی، تو کچھ ہوش آیا وہ شخص اسی طرح ہوا میں بیٹھا ہوا تھا۔ دوسرے جوگی نے اپنے ہاتھ میں اپنی کھڑاویں لیں اور غصہ ہوکر کئی بار ان کو پٹخا۔ وہ کھڑاویں ہوا میں چڑھ گئیں اور جو جوگی ہوا میں بیٹھا ہوا تھا اس کی گردن سے لگنے لگیں، وہ تھوڑا تھوڑا اُترتا جاتا تھا اور آخر کار ہمارے پاس آبیٹھا۔ بادشاہ نے مجھے بتایا کہ کھڑاویں بھیجنے والا اُستاد ہے، اور ہوا میں اُڑنے والا شاگرد ہے اور یہ بھی کہا کہ تمہارے دماغ کے خراب ہونے کا اندیشہ نہ ہوتا تو ہم تجھ کو اس سے بھی زیادہ تماشہ دکھاتے۔

ابنِ بطوطہ پر بادشاہ کی ناراضگی

شیخ شہاب الدین شیخ جامؒ دہلی کے قریب ایک غار میں رہا کرتے تھے۔ ایک روز ابن بطوطہ غار کے دیکھنے اور شیخ صاحب کی زیارت کی غرض سے گیا تھا۔ جب بادشاہ نے شیخ شہاب الدین کو گرفتار کیا اور اُن کے بیٹوں سے پوچھا کہ تم سے ملنے کون کون آیا ہے تو انہوں نے ابنِ بطوطہ کا نام بھی بتایا۔ بادشاہ نے اس

کے بعد ابنِ بطوطہ کے دیوان خانے پر چار غلاموں کا پہرہ بٹھا دیا اس کے بعد خود اسی کی زبان سے سُنیئے۔

"جب ایسا ہوتا ہے تو اس شخص پر جس پر پہرہ قائم ہوتا ہے بچنا مشکل ہوتا ہے۔ مجھ پر جمعہ کے دن پہرہ لگا۔ میں نے "حسبنا اللہ ونعم الوکیل" پڑھنا شروع کیا۔ اور اس روز اسی کو ۳۳ ہزار بار پڑھا۔ پانچ روز کا ایک روزہ رکھا۔ ہر روز ایک قرآن شریف پڑھ کر ختم کر دیا کرتا تھا۔" کچھ دنوں بعد ابن بطوطہ کا نوکری سے دل کھٹا ہو گیا۔ اور سارا مال اسباب فقیروں اور محتاجوں میں بانٹ دیا جب بادشاہ کو ابنِ بطوطہ کی حالت معلوم ہوئی تو بادشاہ نے دوبارہ نوکری کے لیے کہا مگر اس نے انکار کر دیا۔ اور حج کرنے کی اجازت چاہی۔ کچھ دنوں بعد بادشاہ نے دوبارہ اس پر مہربانیاں کیں اور انعام و اکرام دیکر چین اپنا سفیر بنا کر بھیجا۔"

ابنِ بطوطہ کو اپنے ہندوستان کے قیام کے زمانے میں مختلف شہروں میں رہنے اور ان کو دیکھنے کا موقع ملا۔ اس میں سے دہلی کا حال ہم شروع میں ہی پڑھ چکے ہیں۔ اب کچھ اور اہم شہروں کا حال اسی کے سفر نامے کی روشنی میں بیان کریں گے۔

مُلتان

ملتان سندھ کا پایہ تخت تھا۔ وہاں کا امیر الامرا بھی اسی

شہر میں رہتا تھا۔ شہر میں پہنچنے سے پہلے دس کوس کے فاصلے پر ایک دریا پار کرنا پڑتا ہے۔ یہ دریا بہت چھوٹا مگر گہرا تھا۔ اور کشتیوں کی مدد کے بغیر اسے پار کرنا مشکل تھا۔ جو شخص یہاں سے گذرتا اس کے مال اسباب کی جانچ پڑتال ہوتی اور ہر تاجر سے ایک چوتھائی مال محصول کے طور پر لے لیا جاتا تھا اور ہر گھوڑے پر سات دینار محصول لگتا تھا۔

اجودھن

پاک پٹن کا پرانا نام اجودھن تھا۔ باوا فرید کی خانقاہ کی وجہ سے اس کو اکبر بادشاہ کے حکم سے پاک پٹن کہنے لگے۔ پہلے پٹن فرید کہتے تھے۔ ملتان سے ہندوستان جاتے ہوئے دریائے ستلج کو مسافر اسی جگہ پار کرتے تھے۔ یہ شہر شیخ فریدالدین کا تھا وہ چونکہ ہندوستان کے بادشاہ کے پیر تھے اس لئے انہیں یہ شہر انعام میں ملا ہوا تھا ان شیخ پر وہم بہت چھایا ہوا تھا۔ حد یہ تھی کہ نہ کسی سے مصافحہ کرتے تھے اور نہ کسی کے قریب ہوتے، اگر ان کا کپڑا کسی کے کپڑے سے چھو جاتا تو اسے دھویا کرتے تھے۔

دَولت آباد

یہ وہی مشہور شہر ہے جسے محمد بن تغلق نے دہلی اجاڑنے کے

بعد دکن میں اپنا پایۂ تخت بنایا تھا، اس وقت یہ شہر اپنی شان و شوکت کے لحاظ سے دہلی سے کسی صورت میں کم نہ تھا۔ اس کے تین حصے تھے۔ ایک کو "دولت آباد"۔ دوسرے کو "کتکہ" اور تیسرے حصے کو جو قلعہ تھا دیو گیر کہتے تھے۔ ابن بطوطہ کہتا ہے کہ یہ قلعہ مضبوطی میں بے نظیر تھا۔ خان اعظم قتلوخان بادشاہ کا اُستاد اسی قلعے میں رہتا تھا۔ ساگر اور تلنگانہ بھی اسی کے ماتحت تھے اور اس کا علاقہ تین مہینے کی مسافت میں پھیلا ہوا تھا۔ دیو گڑھ کا قلعہ ایک چٹان پر واقع ہے۔ اس چٹان کو کھود کر اس کی چوٹی پر قلعہ بنایا گیا ہے۔ قلعے پر چمڑے کے بنے ہوئے زینے سے چڑھتے ہیں اور چڑھنے کے بعد رات کے وقت اس زینے کو اوپر اٹھا لیتے ہیں۔ قلعے کے محافظ قلعے میں اپنے بال بچوں کے ساتھ رہتے ہیں اس میں غار بنے ہوئے ہیں ان غاروں میں بڑے بڑے مجرم قید رکھے جاتے ہیں۔ ان غاروں میں ایسے بڑے بڑے چوہے ہیں جن سے بلیاں بھی ڈرتی ہیں۔ ابن بطوطہ لکھتا ہے:۔

"ملک خطاب افغان بیان کرتا تھا کہ وہ ایک دفعہ اس قلعے کے ایک غار میں قید کیا گیا جس کو چوہوں کا غار کہتے تھے۔ رات کو جمع ہو کر وہ مجھ پر حملہ کرتے تھے۔ اور میں تمام رات ان کے ساتھ لڑتا رہتا تھا..... میرے برابر کے غار میں ملک دل قید تھا وہ بیمار ہو گیا تو چوہے اس کی انگلیاں اور آنکھیں کھا گئے۔

وہ مر گیا، بادشاہ کو یہ خبر پہنچی تو بادشاہ نے کہا خطاب کو نکال لو کہیں اس کو بھی چوہے نہ کھالیں۔ اس شہر کی ہندو آبادی ہیرے جواہرات کا کاروبار کرتی تھی۔ آم اور انار بہت ہوتے تھے اور سال میں ان کی دو فصلیں ہوتی تھیں آبادی زیادہ تھی اس لئے اس شہر سے محصول بھی بہت وصول ہوتا تھا۔"

مالابار

ابن بطوطہ مالابار کا حال یوں لکھتا ہے:۔

"یہ وہ ملک ہے جہاں سیاہ مرچ پیدا ہوتی ہے اس ملک کی لمبائی کو دو مہینے کے سفر کے بعد طے کیا جاسکتا ہے جو دریا کے کنارے کنارے "سنداپور" سے "کولم" تک چلا گیا ہے۔ سڑک پر برابر برابر دونوں طرف درخت لگے ہیں۔ پھر آدھے میل کے بعد لکڑی کا ایک مکان آتا ہے جس میں دکانیں اور چبوترے بنے ہوئے ہیں اور ہر مسافر ہندو ہو یا مسلمان آرام کرتا ہے۔ ہر ایک گھر کے پاس ایک کنواں ہے جس پر ایک ہندو پانی پلاتا ہے ہندوؤں کو برتن میں پانی پلاتا ہے اور مسلمانوں کو اوک سے پلاتا ہے .... مالابار میں دستور ہے کہ مسلمان کو گھر میں نہیں

آنے دیتے اور نہ اپنے برتنوں میں کھانا کھلاتے ہیں اور اگر کھلاتے ہیں تو یا تو وہ برتن توڑ ڈالتے ہیں اور یا مسلمان کو ہی دیدیتے ہیں۔ اس راستے میں تمام منزلوں میں مسلمانوں کے گھر ہیں ان کے پاس مسلمان مسافر ٹھیرتے ہیں۔ اور وہ ہر قسم کی چیز خرید کر ان کے لیئے کھانا پکا دیتے ہیں۔ اگر مسلمانوں کے گھر نہ ہوتے تو اس ملک میں مسلمانوں کے لیئے سفر کرنا مشکل تھا۔ اس دو مہینے کے راستے میں ایک چپہ بھر بھی زمین ایسی نہیں جو آباد نہ ہو۔ ہر ایک شخص کا گھر الگ ہے، اور اس کے گرد باغ ہے۔ باغ کے چاروں طرف لکڑی کی دیوار ہے۔ پوری سڑک باغوں کے درمیان سے گذرتی ہے جب ایک باغ ختم ہوتا ہے تو اس کی دیوار میں سیڑھیاں لگی ہوئی ہیں اس سے چڑھ کر دوسرے باغ میں پہونچتے ہیں اس ملک میں کوئی شخص گھوڑے یا کسی اور جانور پر سوار ہو کر نہیں چلتا گھوڑے پر صرف بادشاہ سوار ہوتا ہے۔ زیادہ تر لوگ پالکی پر سوار ہوتے ہیں جس کو مزدور یا غلام اٹھا کر لیجاتے ہیں یا پیدل چلتے ہیں اگر کسی شخص کے پاس تجارت کا زیادہ سامان ہوتا ہے تو وہ کرایہ پر مزدور کر لیتا ہے اور وہ اپنی پیٹھ پر سامان لیجاتے ہیں اس لیئے بعض ایسے سوداگر نظر آئیں گے کہ ان کیساتھ سو سو آدمی سامان اٹھائے ہوئے چلتے ہیں۔۔۔ میں نے کسی

راستے میں ایسا امن نہیں دیکھا جیسا کہ اس راستے میں۔ اس ملک میں ناریل کی چوری پر چور کو مار ڈالتے ہیں۔ جب کوئی پھل گر پڑتا ہے تو کوئی شخص اس کو اٹھاتا نہیں بلکہ جب مالک آتا ہے تو وہی اٹھاتا ہے۔ اس ملک میں مسلمانوں کی بہت عزت کی جاتی ہے۔ ہاں یہ بات ضرور ہے کہ نہ ان کے ساتھ کھانا کھاتے ہیں اور نہ ہی اپنے گھروں میں مسلمانوں کو داخل ہونے دیتے ہیں۔ مالابار میں بارہ راجہ ہیں سب سے بڑے راجہ کا لشکر پندرہ ہزار ہے اور سب سے چھوٹے کا تین ہزار۔ ان میں کبھی لڑائی نہیں ہوتی اور طاقتور کمزور کا ملک چھیننے کی کوشش نہیں کرتا۔ راج کے مالک ان راجاؤں کے بیٹے نہیں ہوتے۔ بلکہ وراثت کا حق بھانجے کو ملتا ہے۔"

کالی کٹ

مالابار میں یہ بہت بڑی بندرگاہ تھی۔ چین، جاوا، سیلون مالدیپ، یمن اور ایران کے سوداگر اس بندرگاہ کے ذریعے ہندوستان سے کاروبار کرتے تھے اور اس وقت یہ بندرگاہ دنیا کی بندرگاہوں میں شمار ہوتی تھی۔ ایک ہندو راجہ راج کرتا تھا جسے "سامری" کہتے تھے۔

پٹن دریائے کاویری کے دہانے پر ایک بڑی بندرگاہ تھی اور ایک بڑا شہر بھی تھا۔ ابن بطوطہ اس کے بارے

میں لکھتا ہے "اس کی بندرگاہ عجیب ہے۔ بندرگاہ میں لکڑی کا ایک برج بنا ہوا ہے جو موٹی موٹی لکڑیوں پر بنایا گیا ہے اور اس کے اوپر چھت بنی ہوئی ہے اور لکڑیوں کا زینہ ہے جب دشمن کا ڈر ہوتا ہے اور جو جہاز بندرگاہ میں ہوتے ہیں وہ اس کے قریب لگائے جاتے ہیں۔ جہاز والے برج پر چڑھ جاتے ہیں اور ان کے دل سے دشمن کا خوف نکل جاتا ہے۔ اس شہر میں پتھر کی ایک مسجد بھی بنی ہوئی ہے۔ اس میں انگور و انار بہت زیادہ ہیں۔ وہاں میں "شیخ صالح محمد نیشاپوری" سے ملا۔ یہ ان مجذوب فقیروں میں سے ہیں جو اپنے بال بڑھاتے ہیں اور کندھوں پر چھوڑ دیتے ہیں۔ ان کے ساتھ سات لومڑیاں تھیں جو فقیروں کے ساتھ کھاتی تھیں اور ان کے ساتھ بیٹھی رہتی تھیں۔ ان کے ساتھ بیس فقیر اور بھی تھے۔ اُن میں سے ایک کے پاس ہرنی تھی جو شیر کے پاس کھڑی ہو جاتی تھی اور شیر اس کو کچھ بھی نہیں کہتا تھا"۔